大方廣佛華嚴經 寫經

42

🪷 일러두기

1. 『사경본 한글역 대방광불화엄경』은『독송본 한문·한글역 대방광불화엄경』에 수록된 한글역을 사경하는 데 편의를 도모하기 위해 편집을 달리하여 간행한 것이다.

2. 『독송본 한문·한글역 대방광불화엄경』은 실차난타가 한역(695~699)한 80권 『대방광불화엄경』의 한문 원문과 한글역을 함께 수록한 것이다. 한문 저본은 고종 2년(1865) 월정사에서 인경한 고려대장경 『대방광불화엄경』이다.

3. 한글 번역은 동국역경원에서 발간한 한글 『대방광불화엄경』(운허)을 중심으로 하고 『신화엄경합론』(탄허)과 『대방광불화엄경 강설』(여천무비) 그리고 최근의 여타 번역본 등을 참조하였다.

4. 한글 번역은 독송과 사경을 위하여 정확성과 아울러 가독성을 고려하였다. 극존칭은 부처님과 불경계에 대해서만 사용하였다.

5. 사경본의 차례는 일러두기 → 한글역 본문 → 화엄경 목차 → 간행사이며 80권 『대방광불화엄경』의 권별 목차 순으로 독송본과 함께 간행한다. (법공양판에는 간행사 다음에 간행불사 동참자를 밝혀두었다.)

사경본 한글역

대방광불화엄경 제42권

27. 십정품 [3]

수미해주

대방광불화엄경 제42권 변상도

대방광불화엄경

제42권

27. 십정품 [3]

_____ 은(는)『대방광불화엄경』을
사경하는 인연공덕으로
『화엄경』이 널리 유통되고
우리 모두 다함께 보리 이루기를 발원하옵니다.

대방광불화엄경
제42권

27. 십정품 [3]

"불자들이여, 무엇을 보살마하살의 일체 중생의 차별한 몸 삼매라 하는가?

불자들이여, 보살마하살이 이 삼매에 머무르면 열 가지 집착하는 바가 없음을 얻는다.

무엇이 열인가?

이른바 일체 세계에 집착하는 바가 없고, 일체 방위에 집착하는 바가 없고, 일체 겁에 집착하는 바가 없고, 일체 중생에 집착하는 바가 없고, 일체 법에 집착하는 바가 없다.

일체 보살에 집착하는 바가 없고, 일체 보살의 원에 집착하는 바가 없고, 일체 삼매에 집착하는 바가 없고, 일체 부처님께 집착하는 바가 없고, 일체 지위에 집착하는 바가 없다. 이것이 열이다.

불자들이여, 보살마하살이 이 삼매에 어떻게 들어가고 어떻게 일어나는가?

불자들이여, 보살마하살이 이 삼매에 안 몸에서 들어가 바깥 몸에서 일어나며, 바깥 몸에서 들어가 안 몸에서 일어나며, 같은 몸에서 들어가 다른 몸에서 일어나며, 다른 몸에서 들어가 같은 몸에서 일어난다.

사람의 몸에서 들어가 야차의 몸에서 일어나며, 야차의 몸에서 들어가 용의 몸에서 일어나며, 용의 몸에서 들어가 아수라의 몸에서 일어나며, 아수라의 몸에서 들어가 천신의 몸에서 일어나며, 천신의 몸에서 들어가 범왕의 몸에서 일어나며, 범왕의 몸에서 들어가 욕계의 몸에서 일어난다.

천상에서 들어가 지옥에서 일어나며, 지옥에서 들어가 인간에서 일어나며, 인간에서 들어가 다른 갈래에서 일어난다.

일천 몸에서 들어가 한 몸에서 일어나며, 한 몸에서 들어가 일천 몸에서 일어나며, 나유타 몸에서 들어가 한 몸에서 일어나며, 한 몸에서 들어가 나유타 몸에서 일어난다.

염부제 중생들 가운데서 들어가 서구타니 중생들 가운데서 일어나며, 서구타니 중생들 가운데서 들어가 북구로 중생들 가운데서 일어나며, 북구로 중생들 가운데서 들어가 동비제하 중생들 가운데서 일어나며, 동비제하 중생들 가운데서 들어가 삼천하 중생들 가운데서 일어난다.

삼천하 중생들 가운데서 들어가

사천하 중생들 가운데서 일어나며, 사천하 중생들 가운데서 들어가 일체 바다 차별한 중생들 가운데서 일어난다.

일체 바다 차별한 중생들 가운데서 들어가 일체 바다 신중들 가운데서 일어나며, 일체 바다 신중들 가운데서 들어가 일체 바다 수대 가운데서 일어난다.

일체 바다 수대 가운데서 들어가 일체 바다 지대 가운데서 일어나며, 일체 바다 지대 가운데서 들어가 일체 바다 화대 가운데서 일어나며, 일체 바다 화대 가운데서 들어가 일체 바다 풍대 가운데서 일어난다.

일체 바다 풍대 가운데서 들어가 일체 사대종 가운데서 일어나며, 일체 사대종 가운데서 들어가 남이 없는 법 가운데서 일어난다.

남이 없는 법 가운데서 들어가 묘고산 가운데서 일어나며, 묘고산 가운데서 들어가 칠보산 가운데서 일어난다.

칠보산 가운데서 들어가 일체 땅의

갖가지 심고 거두는 나무숲 흑산 가운데서 일어나며, 일체 땅의 갖가지 심고 거두는 나무숲 흑산 가운데서 들어가 일체 묘한 향과 꽃과 보배로 장엄한 가운데서 일어난다.

일체 묘한 향과 꽃과 보배로 장엄한 가운데서 들어가 일체 사천하의 하방과 상방의 일체 중생이 태어나는 가운데서 일어나며, 일체 사천하의 하방과 상방의 일체 중생이 태어나는 가운데서 들어가 소천세계의 중생들 가운데서 일어난다.

소천세계의 중생들 가운데서 들어가 중천세계의 중생들 가운데서 일어나며, 중천세계의 중생들 가운데서 들어가 대천세계의 중생들 가운데서 일어난다.

대천세계의 중생들 가운데서 들어가 백천억 나유타 삼천대천세계의 중생들 가운데서 일어나며, 백천억 나유타 삼천대천세계의 중생들 가운데서 들어가 수없는 세계의 중생들 가운데서 일어난다.

수없는 세계의 중생들 가운데서 들

어가 한량없는 세계의 중생들 가운데서 일어나며, 한량없는 세계의 중생들 가운데서 들어가 가없는 부처님 세계의 중생들 가운데서 일어난다.

가없는 부처님 세계의 중생들 가운데서 들어가 같음이 없는 부처님 세계의 중생들 가운데서 일어나며, 같음이 없는 부처님 세계의 중생들 가운데서 들어가 셀 수 없는 세계의 중생들 가운데서 일어나며, 셀 수 없는 세계의 중생들 가운데서 들어가 일컬을 수 없는 세계의 중생들 가운데서 일어난다.

일컬을 수 없는 세계의 중생들 가운데서 들어가 생각할 수 없는 세계의 중생들 가운데서 일어나며, 생각할 수 없는 세계의 중생들 가운데서 들어가 헤아릴 수 없는 세계의 중생들 가운데서 일어나며, 헤아릴 수 없는 세계의 중생들 가운데서 들어가 말할 수 없는 세계의 중생들 가운데서 일어난다.

말할 수 없는 세계의 중생들 가운데서 들어가 말할 수 없이 말할 수

없는 세계의 중생들 가운데서 일어
나며, 말할 수 없이 말할 수 없는 세
계의 중생들 가운데서 들어가 잡되
고 물든 중생들 가운데서 일어난다.

잡되고 물든 중생들 가운데서 들
어가 청정한 중생들 가운데서 일어
나며, 청정한 중생들 가운데서 들어
가 잡되고 물든 중생들 가운데서 일
어난다.

눈에서 들어가 귀에서 일어나며,
귀에서 들어가 눈에서 일어나며, 코
에서 들어가 혀에서 일어나며, 혀에

서 들어가 코에서 일어나며, 몸에서 들어가 뜻에서 일어나며, 뜻에서 들어가 몸에서 일어난다.

자기 처소에서 들어가 다른 처소에서 일어나며, 다른 처소에서 들어가 자기 처소에서 일어난다.

한 미진 가운데서 들어가 수없는 세계의 미진 가운데서 일어나며, 수없는 세계의 미진 가운데서 들어가 한 미진 가운데서 일어난다.

성문에서 들어가 독각에서 일어나며, 독각에서 들어가 성문에서 일어난다.

자기 몸에서 들어가 부처님 몸에서 일어나며, 부처님 몸에서 들어가 자기 몸에서 일어난다.

한 순간에서 들어가 억 겁에서 일어나며, 억 겁에서 들어가 한 순간에서 일어나며, 같은 순간에서 들어가 다른 때에서 일어나며, 다른 때에서 들어가 같은 순간에서 일어난다.

앞즈음에서 들어가 뒤즈음에서 일어나며, 뒤즈음에서 들어가 앞즈음에서 일어나며, 앞즈음에서 들어가 중간즈음에서 일어나며, 중간즈음에서 들어가 앞즈음에서 일어난다.

삼세에서 들어가 찰나에서 일어나며, 찰나에서 들어가 삼세에서 일어난다.

진여에서 들어가 언설에서 일어나며, 언설에서 들어가 진여에서 일어난다.

불자들이여, 비유하면 어떤 사람이 귀신에게 붙들리면 그 몸이 떨리어 스스로 안정할 수 없으니 귀신이 몸을 나타내지 않으나 다른 사람의 몸을 그렇게 하듯이, 보살마하살이 이 삼매에 머무르는 것도 또한 다시 이와 같아서, 자신의 몸에서 정에 들어가 다른 이의 몸에서 일어나며 다른 이의 몸에서 정에 들어가 자신의 몸에서 일어난다.

불자들이여, 비유하면 죽은 송장이 주문의 힘으로 능히 일어나 다니면서 짓는 일을 따라 모두 성취함을 얻으니 송장과 주문이 비록 각각 다르지만 능히 화합하여 그 일을 성취하듯이, 보살마하살이 이 삼매에 머무르는 것도 또한 다시 이와 같아서, 같은 경계에서 정에 들어가 다른 경계에서 일어나며 다른 경계에서 정에 들어가 같은 경계에서 일어난다.

불자들이여, 비유하면 비구가 마음이 자재함을 얻어서 혹은 한 몸으로 많은 몸을 지으며 혹은 많은 몸으로 한 몸을 짓되 한 몸이 없어지지 않고 여러 몸이 생기며 여러 몸이 없어지지 않고 한 몸이 생기듯이, 보살마하살이 이 삼매에 머무르는 것도 또한 다시 이와 같아서, 한 몸으로 정에 들어가 여러 몸에서 일어나고 여러 몸으로 정에 들어가 한 몸에서 일어난다.

불자들이여, 비유하면 대지는 그 맛이 한 종류이나 생겨나는 바 곡식은 갖가지로 맛이 다르니, 땅은 비록 차별이 없으나 맛은 다름이 있는 것과 같다. 보살마하살이 이 삼매에 머무르는 것도 또한 다시 이와 같아서, 분별하는 바가 없으나 그러나 한 가지에서 정에 들어가 여러 가지에서 일어나며 여러 가지에서 정에 들어가 한 가지에서 일어난다.

불자들이여, 보살마하살이 이 삼매에 머무름에 열 가지 칭찬하는 법의 칭찬하는 바를 얻는다.

무엇이 열인가?

이른바 진여에 들어간 까닭으로 여래라 이름하며, 일체 법을 깨달은 까닭으로 부처라 이름한다.

일체 세간이 칭찬하는 바인 까닭으로 법사라 이름하며, 일체 법을 아는

까닭으로 일체지라 이름하며, 일체
세간이 귀의하는 바인 까닭으로 의
지할 곳이라 이름한다.

일체 법의 방편을 밝게 통달한 까
닭으로 도사라 이름하며, 일체 중생
을 인도하여 살바야의 길에 들게 하
는 까닭으로 대도사라 이름하며, 일
체 세간의 등불이 되는 까닭으로 광
명이라 이름한다.

십지가 원만하고 의리를 성취하고
지을 바를 모두 판별하고 걸림 없는
지혜에 머물러서 일체 모든 법을 분

별하여 밝게 아는 까닭으로 십력이라 이름하며, 일체 법륜을 자재하게 통달하는 까닭으로 일체를 보는 자라 이름한다. 이것이 열이다.

불자들이여, 보살마하살이 이 삼매에 머물러서 다시 열 가지 광명이 밝게 비춤을 얻는다.

무엇이 열인가?

이른바 일체 모든 부처님의 광명을 얻으니 그와 더불어 평등한 까닭이며, 일체 세계의 광명을 얻으니 널리 능히 깨끗하게 장엄하는 까닭이며,

일체 중생의 광명을 얻으니 모두 가서 조복하는 까닭이며, 한량없는 두려움 없는 광명을 얻으니 법계를 도량으로 삼아 연설하는 까닭이다.

차별 없는 광명을 얻으니 일체 법이 갖가지 성품이 없음을 아는 까닭이며, 방편인 광명을 얻으니 일체 법이 욕심을 떠난 경계에 증득하여 들어가는 까닭이며, 진실한 광명을 얻으니 일체 법이 욕심을 떠난 경계에 마음이 평등한 까닭이다.

일체 세간에 두루한 신통 변화의

광명을 얻으니 부처님의 가피하신 바를 받고 항상 쉬지 않는 까닭이며, 잘 사유하는 광명을 얻으니 일체 부처님의 자재한 언덕에 이르는 까닭이며, 일체 법이 진여인 광명을 얻으니 한 모공에서 일체를 잘 설하는 까닭이다. 이것이 열이다.

불자들이여, 보살마하살이 이 삼매에 머무름에 다시 열 가지 지을 바 없음을 얻는다.

무엇이 열인가?

이른바 몸의 업이 지을 바가 없고,

말의 업이 지을 바가 없고, 뜻의 업이 지을 바가 없다.

신통이 지을 바가 없고, 법이 성품 없는 줄을 앎이 지을 바가 없고, 업이 없어지지 않는 줄을 앎이 지을 바가 없고, 차별 없는 지혜가 지을 바가 없고, 일어남이 없는 지혜가 지을 바가 없고, 법이 멸하지 않는 줄을 앎이 지을 바가 없고, 글을 따르되 뜻을 무너뜨리지 않음이 지을 바가 없다. 이것이 열이다.

불자들이여, 보살마하살이 이 삼매에 머무름에 한량없는 경계가 갖가지로 차별하다.

이른바 하나에서 들어가 많은 데서 일어나고, 많은 데서 들어가 하나에서 일어나며, 같은 데서 들어가 다른 데서 일어나고, 다른 데서 들어가 같은 데서 일어난다.

미세한 데서 들어가 굵은 데서 일어나고, 굵은 데서 들어가 미세한 데서 일어나며, 큰 데서 들어가 작은 데서 일어나고, 작은 데서 들어가 큰 데서 일어난다.

수순한 데서 들어가 거슬린 데서 일어나고, 거슬린 데서 들어가 수순한 데서 일어나며, 몸이 없는 데서 들어가 몸이 있는 데서 일어나고, 몸이 있는 데서 들어가 몸이 없는 데서 일어난다.

모양이 없는 데서 들어가 모양이 있는 데서 일어나고, 모양이 있는 데서 들어가 모양이 없는 데서 일어나며, 일어나는 중에서 들어가 들어가는 중에서 일어난다.

이와 같은 것이 모두 이 삼매의 자재한 경계이다.

불자들이여, 비유하면 마술사가 주문을 외워 성취하면 갖가지 차별한 형상을 능히 나타내니, 주문과 환술이 다르지만 능히 환술을 지으며, 주문은 오직 소리뿐이지만 능히 안식으로 아는 바 갖가지 모든 색과, 이식으로 아는 바 갖가지 모든 소리와, 비식으로 아는 바 갖가지 모든 향기와, 설식으로 아는 바 갖가

지 모든 맛과, 신식으로 아는 바 갖
가지 모든 촉감과, 의식으로 아는
바 갖가지 경계를 환술로 만들듯이,
보살마하살이 이 삼매에 머무르는
것도 또한 다시 이와 같아서, 같은
데서 정에 들어가 다른 데서 일어나
고 다른 데서 정에 들어가 같은 데서
일어난다.

불자들이여, 비유하면 삼십삼천이
아수라와 함께 싸울 때에 모든 천신
이 승리하고 아수라가 패하니, 아수
라왕은 그 몸의 장대함이 칠백 유순

이며 네 가지 군대가 둘러싼 것이 수 없는 천만이지만 환술의 힘으로 모든 군사들을 거느리고 동시에 달아 나다가 연뿌리의 실 구멍 속으로 들어가듯이, 보살마하살도 또한 다시 이와 같아서, 이미 모든 환술 같은 지혜의 지위를 잘 성취하였으므로 환술 같은 지혜가 곧 보살이고 보살이 곧 환술 같은 지혜이다. 그러므로 능히 차별 없는 법 가운데서 정에 들어가 차별한 법에서 일어나고, 차별한 법에서 정에 들어가 차별 없는 법에서 일어난다.

불자들이여, 비유하면 농부들이 밭에 씨앗을 심으면 씨앗은 밑에 있고 열매는 위에서 열리듯이, 보살마하살이 이 삼매에 머무르는 것도 또한 다시 이와 같아서, 하나에서 정에 들어가 많은 데서 일어나고 많은 데서 정에 들어가 하나에서 일어난다.

불자들이여, 비유하면 남녀의 붉은 것과 흰 것이 화합하여 혹 어떤 중생이 그 가운데 태에 들면, 그때에

가라리의 지위라고 이름하며, 이로 부터 차례로 모태 중에 머물러 열 달이 차면 선한 업의 힘으로 일체 팔다리가 모두 이루어져서 모든 근이 결함이 없고 마음과 의식이 분명하여지니, 그 가라리와 그 여섯 근은 자체와 형상이 각각 다르지만, 업의 힘으로 능히 그로 하여금 차례로 이루어져 같고 다른 종류의 갖가지 과보를 받게 함과 같다.

보살마하살도 또한 다시 이와 같아서, 일체 지혜의 가라리 지위로부터 믿고 이해하고 원하는 힘이 점차 증장하여 그 마음이 광대하고 뜻대로 자재하여, 없는 데서 정에 들어가 있는 데서 일어나고 있는 데서 정에 들어가 없는 데서 일어난다.

불자들이여, 비유하면 용궁이 땅을 의지하여 있고 허공을 의지하지 않으며 용은 용궁을 의지하여 머무르고 또한 허공에 있지 않으나, 능히 구름을 일으켜 공중에 두루 가득하면, 어떤 사람이 우러러봄에 보이는 궁전이 모두 건달바성이고 용궁이

아님을 마땅히 알아야 한다.

불자들이여, 용은 비록 아래에 있으나 구름은 위에 펴져 있는 것처럼, 보살마하살이 이 삼매에 머무르는 것도 또한 다시 이와 같아서, 모양이 없는 데서 들어가 모양이 있는 데서 일어나고 모양이 있는 데서 들어가 모양이 없는 데서 일어난다.

불자들이여, 비유하면 묘광대범천왕이 머무르는 궁전의 이름이 일체 세간에서 가장 수승한 청정장이라, 이 큰 궁전 가운데 삼천대천세계의

모든 사천하와 천궁과 용궁과 야차
궁전과 건달바궁전과 아수라궁전과
가루라궁전과 긴나라궁전과 마후라
가궁전과 인간이 머무르는 곳과 삼
악도와 수미산 등 갖가지 모든 산과
큰 바다와 강과 하천과 못과 샘물과
성읍과 마을과 나무와 숲과 온갖 보
배의 이와 같은 일체 갖가지 장엄과
온 대윤위산의 있는 바 끝 경계와 내
지 공중에 미세하게 날리는 티끌까
지 모두 법궁에 나타나지 않음이 없
음을 널리 보는 것이, 마치 밝은 거

울에서 그 얼굴을 보는 것과 같다.

　보살마하살도 이 일체 중생의 차별한 몸 큰 삼매에 머무르면 갖가지 세계를 알고, 갖가지 부처님을 친견하고, 갖가지 중생들을 제도하고, 갖가지 법을 증득하고, 갖가지 행을 이루고, 갖가지 이해를 만족하고, 갖가지 삼매에 들어가고, 갖가지 신통을 일으키고, 갖가지 지혜를 얻고, 갖가지 찰나의 경계에 머무른다.

　불자들이여, 이 보살마하살이 열

가지 신통의 피안에 이른다.

무엇이 열인가?

이른바 모든 부처님의 온 허공과 법계에 두루한 신통의 피안에 이르며, 보살의 끝까지 차별 없는 자재한 신통의 피안에 이른다.

보살의 광대한 행원을 능히 일으켜서 여래의 문에 들어가 불사하는 신통의 피안에 이르며, 일체 세계를 능히 진동하여 일체 경계를 다 청정케 하는 신통의 피안에 이른다.

일체 중생의 부사의한 업과 과보가

다 환화와 같은 줄을 능히 자재하게 아는 신통의 피안에 이르며, 모든 삼매의 거칠고 미세함과 들어가고 나오는 차별한 모양을 능히 자재하게 아는 신통의 피안에 이른다.

능히 용맹하게 여래의 경계에 들어가 그 가운데서 대원을 내는 신통의 피안에 이르며, 능히 부처님의 변화를 변화하여 짓고 법륜을 굴리어 중생을 조복시켜서 부처님의 종자를 내게 하고 불승에 들게 하여 빠르게 성취하는 신통의 피안에 이른다.

말할 수 없는 일체 비밀한 문구를 능히 밝게 알고 법륜을 굴려서 백천억 나유타 말할 수 없이 말할 수 없는 법문으로 하여금 모두 청정하게 하는 신통의 피안에 이르며, 낮과 밤과 해와 달과 겁의 수를 빌리지 않고 한 생각에 능히 삼세를 모두 나타내 보이는 신통의 피안에 이른다. 이것이 열이다.

불자들이여, 이 이름이 보살마하살의 여덟째 '일체 중생의 차별한 몸 큰 삼매의 선교 지혜'이다.

불자들이여, 무엇을 보살마하살의 법계에 자재한 삼매라 하는가?

불자들이여, 이 보살마하살이 자기의 눈과 내지 뜻에서 삼매에 들어가는 것이 이름이 '법계에 자재함'이니, 보살이 자신의 낱낱 모공 속에서 이 삼매에 든다.

자연히 모든 세간을 능히 알며, 모든 세간의 법을 알며, 모든 세계를 알며, 억 나유타 세계를 알며, 아승지 세계를 알며, 말할 수 없는 부처님 세계의 미진수 세계를 안다.

일체 세계 가운데 어떤 부처님께서 출현하시면 보살 대중모임이 모두 다 가득하며, 광명이 청정하여 순일하게 훌륭하고 잡됨이 없으며, 광대하게 장엄하여 갖가지 온갖 보배로 장식한 것을 본다.

보살이 그곳에서 혹은 한 겁과, 백 겁과, 천 겁과, 억 겁과, 백천억 나유타 겁과, 수없는 겁과, 한량없는 겁과, 가없는 겁과, 같음이 없는 겁과, 셀 수 없는 겁과, 일컬을 수 없는 겁과, 생각할 수 없는 겁과, 헤아릴 수 없는 겁과, 말할 수 없는 겁과, 말할 수 없이 말할 수 없는 겁과, 말할 수 없이 말할 수 없는 부처님 세계의 미진수 겁 동안, 보살의 행을 닦되 항상 쉬지 아니한다.

또 이와 같이 한량없는 겁 가운데 이 삼매에 머물러 또한 들어가기도 하며, 또한 일어나기도 하며, 또한 세계를 성취하기도 하며, 또한 중생을 조복하기도 하며, 또한 법계를 두루 알기도 하며, 또한 삼세를 널리 알기도 하며, 또한 모든 법을 연설하기도 하며, 또한 큰 신통으로 갖가지 방편을 나타내기도 하되, 집착함도 없고 걸림도 없다.

법계에서 자재함을 얻은 까닭으로 눈을 잘 분별하며, 귀를 잘 분별하며, 코를 잘 분별하며, 혀를 잘 분별하며, 몸을 잘 분별하며, 뜻을 잘 분별하여, 이와 같이 갖가지 차별하고 같지 아니함을 모두 잘 분별하여 그 끝닿은 데까지를 다한다.

보살이 이와 같이 잘 알고 보고는 능히 십천억 다라니법의 광명을 내며, 십천억 청정한 행을 성취하며, 십천억 모든 근을 얻으며, 십천억 신통을 원만히 하며, 능히 십천억 삼매에 들어간다.

십천억 위신력을 성취하며, 십천억 모든 힘을 기르며, 십천억 깊은 마음을 원만히 하며, 십천억 힘으로 지님을 움직이며, 십천억 신통 변화를 나타내 보인다.

십천억 보살들의 걸림 없음을 구족

하며, 십천억 보살들의 도를 돕는 일을 원만히 하며, 십천억 보살들의 창고를 모으며, 십천억 보살들의 방편을 밝게 비추며, 십천억 모든 이치를 연설한다.

십천억 모든 원을 성취하며, 십천억 회향을 출생하며, 십천억 보살들의 바른 지위를 깨끗이 다스리며, 십천억 법문을 밝게 알며, 십천억 연설을 열어 보이며, 십천억 보살들의 청정함을 닦아 다스린다.

불자들이여, 이 보살마하살들이

다시 수없는 공덕과, 한량없는 공덕과, 가없는 공덕과, 같음이 없는 공덕과, 셀 수 없는 공덕과, 일컬을 수 없는 공덕과, 생각할 수 없는 공덕과, 헤아릴 수 없는 공덕과, 말할 수 없는 공덕과, 다함이 없는 공덕이 있다.

불자들이여, 이 보살이 이와 같은 공덕을 모두 이미 갖추었고, 모두 이미 모았고, 모두 이미 장엄하였고, 모두 이미 청정히 하였고, 모두 이미 밝게 통하였고, 모두 이미 거두어 주

있고, 모두 능히 출생하였고, 모두 칭양 찬탄하였고, 모두 견고함을 얻었고, 모두 이미 성취하였다.

불자들이여, 보살마하살이 이·삼매에 머무름에 동방으로 십천 아승지 부처님 세계 미진수 명호의 모든 부처님께서 거두어 주시는 바가 되며, 낱낱 명호에 다시 십천 아승지 부처님 세계 미진수의 부처님이 계시어 각각 차별하다.

동방과 같아서 남방과 서방과 북방과 네 간방과 상방과 하방도 또한 다시 이와 같다.

　저 모든 부처님께서 모두 그 앞에 나타나서 모든 부처님의 청정한 세계를 나타내며, 모든 부처님의 한량없는 몸을 설하며, 모든 부처님의 생각하기 어려운 눈을 설하며, 모든 부처님의 한량없는 귀를 설하며, 모든 부처님의 청정한 코를 설하며, 모든 부처님의 청정한 혀를 설하며, 모든 부처님의 머무름이 없는 마음을 설하며, 여래의 위없는 신통을 설하신다.

여래의 위없는 보리를 닦게 하며,
여래의 청정한 음성을 얻게 하며, 여
래의 물러나지 않는 법륜을 열어 보
이며, 여래의 가없는 대중모임을 나
타내 보이며, 여래의 가없는 비밀에
들어가게 하신다.

여래의 일체 선근을 찬탄하며, 여
래의 평등한 법에 들게 하며, 여래의
삼세 종성을 선설하며, 여래의 한량
없는 색상을 나타내 보이며, 여래의
호념하시는 법을 드러내 밝히신다.

여래의 미묘한 법음을 연설하며,

일체 모든 부처님의 세계를 밝게 분별하며, 일체 모든 부처님의 삼매를 선양하며, 모든 부처님의 대중모임을 차례로 나타내 보이며, 모든 부처님의 부사의한 법을 보호하고 유지하신다.

일체 법이 마치 환화와 같음을 설하며, 모든 법의 성품이 변동하지 않음을 밝히며, 일체 위없는 법륜을 열어 보이며, 여래의 한량없는 공덕을 찬미하며, 일체 모든 삼매구름에 들어가게 하며, 그 마음이 환과 같고 변화함과 같아서 가없고 다함이 없음을 알게 하신다.

불자들이여, 보살마하살이 이 법계에 자재한 삼매에 머무를 때에, 그 시방에 각각 십천 아승지 부처님 세계의 미진수 명호의 여래가 낱낱 명호 가운데 각각 십천 아승지 부처님 세계 미진수의 부처님이 계시어 동시에 보호하고 염려하신다.

이 보살로 하여금 가없는 몸을 얻게 하며, 이 보살로 하여금 걸림 없는 마음을 얻게 하며, 이 보살로 하

여금 일체 법에 잊어버림이 없는 생
각을 얻게 하며, 이 보살로 하여금
일체 법에 결정한 지혜를 얻게 하며,
이 보살로 하여금 점점 더 총명하고
민첩하여 일체 법을 다 능히 받아들
이게 하신다.

이 보살로 하여금 일체 법을 다 능
히 분명히 알게 하며, 이 보살로 하
여금 모든 근이 매우 예리하여 신통
한 법에 모두 교묘함을 얻게 하며,
이 보살로 하여금 경계에 걸림 없이
법계에 두루 다니면서 항상 쉬지 않

게 하며, 이 보살로 하여금 걸림 없는 지혜를 얻어 필경에 청정하게 하며, 이 보살로 하여금 신통력으로 일체 세계에서 성불함을 나타내 보이게 하신다.

불자들이여, 보살마하살이 이 삼매에 머무르면 열 가지 바다를 얻는다.

무엇이 열인가?

이른바 모든 부처님바다를 얻으니 모두 보는 까닭이며, 중생바다를 얻으니 모두 조복하는 까닭이며, 모든 법바다를 얻으니 능히 지혜로 다 밝게 아는 까닭이며, 모든 세계바다를 얻으니 성품도 없고 지음도 없는 신통으로 다 나아가는 까닭이며, 공덕바다를 얻으니 일체의 수행이 다 원만한 까닭이다.

신통바다를 얻으니 능히 널리 나타내 보여서 깨닫게 하는 까닭이며, 모든 근기바다를 얻으니 갖가지 같지 아니한 것을 다 잘 아는 까닭이며, 모든 마음바다를 얻으니 일체 중생의 갖가지로 차별한 한량없는 마음을 아는 까닭이며, 모든 행바다를 얻으니 능히 원력으로 다 원만한 까닭이며, 모든 서원바다를 얻으니 다 성취하여 길이 청정케 하는 까닭이다.

불자들이여, 보살마하살이 이와 같은 열 가지 바다를 얻고는 다시 열 가지 수승함을 얻는다.

어떤 것이 열인가?

하나는 일체 중생 가운데 가장 제일이고, 둘은 일체 모든 하늘 가운데 가장 특수하고, 셋은 일체 법왕 가운데 가장 극히 자재하고, 넷은 모든 세간에 물들어 집착하는 바가 없고, 다섯은 일체 세간이 덮어 가릴 수 없다.

여섯은 일체 모든 마군이 능히 미혹하게 하지 못하고, 일곱은 모든 갈래에 널리 들어가되 걸리는 바가 없고, 여덟은 곳곳마다 태어나는 것이 견고하지 못함을 알고, 아홉은 일체 불법에 모두 자재함을 얻고, 열은 일체 신통을 모두 능히 나타내 보인다.

불자들이여, 보살마하살이 이와

같은 열 가지 수승함을 얻고는 다시 열 가지 힘을 얻어 중생 세계에서 모든 행을 닦아 익힌다.

어떤 것이 열인가?

하나는 용맹한 힘이니 세간을 조복시키는 까닭이며, 둘은 정진하는 힘이니 항상 물러나지 않는 까닭이며, 셋은 집착이 없는 힘이니 모든 때를 여읜 까닭이다.

넷은 적정한 힘이니 일체 법에 다툼이 없는 까닭이며, 다섯은 거스르고 따르는 힘이니 일체 법에 마음이

자재한 까닭이며, 여섯은 법성의 힘
이니 모든 이치 가운데 자재함을 얻
는 까닭이며, 일곱은 걸림 없는 힘이
니 지혜가 광대한 까닭이다.

여덟은 두려움이 없는 힘이니 모든
법을 설하는 까닭이며, 아홉은 변재
의 힘이니 모든 법을 능히 지니는 까
닭이며, 열은 열어 보이는 힘이니 지
혜가 가없는 까닭이다.

불자들이여, 이 열 가지 힘은 광대
한 힘이며, 가장 수승한 힘이며, 꺾
을 수 없는 힘이며, 한량없는 힘이

며, 잘 모으는 힘이며, 흔들리지 않
는 힘이며, 견고한 힘이며, 지혜의 힘
이다.

성취하는 힘이며, 뛰어난 선정의 힘
이며, 청정한 힘이며, 지극히 청정한
힘이며, 법신의 힘이며, 법의 광명의
힘이며, 법 등불의 힘이며, 법문의 힘
이다.

깨뜨릴 수 없는 힘이며, 지극히 용
맹한 힘이며, 대장부의 힘이며, 훌륭
한 장부의 닦아 익히는 힘이며, 바른
깨달음을 이루는 힘이며, 과거에 선

근을 쌓아 모은 힘이며, 한량없는 선근에 편안히 머무르는 힘이며, 여래의 힘에 머무르는 힘이다.

마음으로 사유하는 힘이며, 보살의 환희를 늘게 하는 힘이며, 보살의 깨끗한 신심을 내는 힘이며, 보살의 용맹을 늘게 하는 힘이며, 보리심으로 생기는 힘이며, 보살의 청정하고 깊은 마음의 힘이며, 보살의 수승하고 깊은 마음의 힘이며, 보살의 선근으로 훈습하는 힘이다.

모든 법을 끝까지 깨닫는 힘이며,

장애가 없는 몸의 힘이며, 방편의 선교 법문에 들어가는 힘이며, 청정하고 미묘한 법의 힘이며, 큰 세력에 편안히 머물러서 일체 세간이 능히 흔들지 못하는 힘이며, 일체 중생이 덮어 가릴 수 없는 힘이다.

불자들이여, 이 보살마하살이 이와 같이 한량없는 공덕의 법을 능히 내고, 능히 성취하고, 능히 원만히 하고, 능히 밝게 비추고, 능히 구족하고, 능히 두루 구족하고, 능히 광대하고, 능히 견고하고, 능히 늘게 하고, 능히 깨끗하게 다스리고, 능히 두루 깨끗하게 다스린다.

이 보살의 공덕의 끝과, 지혜의 끝과, 수행의 끝과, 법문의 끝과, 자재의 끝과, 고행의 끝과, 성취의 끝과, 청정의 끝과, 벗어남의 끝과, 법에 자재함의 끝을 능히 설할 자가 없다.

이 보살이 얻은 것과, 성취한 것과, 들어간 것과, 앞에 나타난 것과, 있는 바 경계와, 있는 바 관찰과, 있는 바 증입과, 있는 바 청정과, 밝게 아는 것과, 있는 바 건립한 일체 법문을

말할 수 없는 겁에 설하여도 다할 수
없다.

불자들이여, 보살마하살이 이 삼
매에 머무르면 능히 수없고, 한량없
고, 가없고, 같음이 없고, 셀 수 없
고, 일컬을 수 없고, 생각할 수 없고,
헤아릴 수 없고, 말할 수 없고, 말할
수 없이 말할 수 없는 일체 삼매를
밝게 안다.

저 낱낱 삼매의 있는 바 경계가 한
량없이 광대하니 경계 가운데 혹 들
어감과 혹 일어남과 혹 머무름의 있

는 바 형상과, 있는 바 나타내 보임
과, 있는 바 행하는 곳과, 있는 바 평
등한 흐름과, 있는 바 자성과, 있는
바 없앰과, 있는 바 벗어남인, 이와
같은 일체를 분명하게 보지 못하는
것이 없다.

불자들이여, 비유하면 무열뇌 큰
용왕의 궁전에서 네 개의 강이 흘러
나오는데, 탁하지 않고 잡되지 않고
더러움이 없고 빛이 청정함이 마치
허공과 같다.

그 못의 네 면에는 각각 한 개의 어귀가 있고 낱낱 어귀 가운데 강이 하나씩 흘러나온다. 코끼리 어귀에서는 항가강이 흘러나오고, 사자 어귀에서는 사타강이 흘러나오고, 소 어귀에서는 신도강이 흘러나오고, 말 어귀에서는 박추강이 흘러나온다.

그 네 개의 큰 강이 흘러나올 때에 항가강 어귀에서는 은모래가 흘러나오고, 사타강 어귀에서는 금강모래가 흘러나오고, 신도강 어귀에서는 금모래가 흘러나오고, 박추강 어귀에서는 유리모래가 흘러나온다.

항가강 어귀는 흰 은빛을 띠고, 사타강 어귀는 금강빛을 띠고, 신도강 어귀는 황금빛을 띠고, 박추강 어귀는 유리빛을 띠며, 낱낱 강의 어귀는 너비가 한 유순이다.

그 네 개의 큰 강이 이미 흘러나와서는 각각 한가지로 큰 못을 일곱 번 둘러싸고 그 방면을 따라 사방으로 나뉘어 흐르는데, 큰 물이 솟구치며 빠르게 달려 큰 바다로 들어간다.

그 강들이 둘러 흐르는 낱낱 사이

에 하늘 보배로 이루어진 청련화와 홍련화와 황련화와 백련화가 피어 있어, 기이한 향기가 진동하고 미묘한 색이 청정하며, 갖가지 꽃과 잎과 갖가지 받침과 꽃술이 모두 온갖 보배여서 자연히 밝게 사무치며 다 광명을 놓아 서로서로 비추어 나타났다.

그 무열 못의 둘레가 광대함이 오십 유순인데 온갖 보배의 미묘한 모래가 그 바닥에 두루 깔리었고, 갖가지 마니로 꾸몄으며, 한량없는 미묘한 보배로 그 언덕을 장엄하였고, 전단의 미묘한 향을 그 가운데 널리 흘렸다.

청련화와 홍련화와 황련화와 백련화와 그리고 다른 보배 꽃이 모두 다 두루 가득하여 미풍이 불어도 흔들려 향기가 멀리 퍼지며, 꽃 숲과 보배 나무가 두루두루 둘러섰으며, 해가 뜰 때는 널리 다 밝게 비추어 못과 강의 안과 밖에 일체 온갖 물상들이 그림자가 닿고 빛이 이어져서 광명 그물을 이루었다.

이와 같은 온갖 물상들이 멀거나 가깝거나, 높거나 낮거나, 넓거나 좁거나, 굵거나 미세하거나, 내지 지극히 작은 한 알의 모래와 한 점의 티끌까지도 모두 미묘한 보배가 광명에 밝게 비치어 그 가운데 해의 영상이 나타나지 않음이 없고 또한 다시 점점 더 서로 영상을 나타낸다.

이와 같은 온갖 영상은 늘지도 않고 줄지도 않으며 합하지도 않고 흩어지지도 아니하여 모두 본바탕대로 분명히 볼 수 있다.

불자들이여, 마치 무열 큰 못이 네 어귀 가운데서 네 개의 강을 흘려내어 큰 바다에 들어가듯이, 보살마하살도 또한 다시 이와 같아서, 네 가지 변재로부터 모든 행을 흘려내어 구경에는 일체 지혜 바다에 들어간다.

마치 항가 큰 강이 은빛 코끼리 어귀에서 은모래를 흘려내듯이, 보살마하살도 또한 다시 이와 같아서, 의 변재로 일체 여래께서 설하신 일체 뜻의 문을 설하여 일체 청정한 선한 법을 내어 구경에는 걸림 없는 지혜 바다에 들어간다.

마치 사타 큰 강이 금강빛 사자 어귀로부터 금강모래를 흘려내듯이, 보살마하살도 또한 다시 이와 같아서, 법변재로 일체 중생을 위하여 부처님의 금강 글귀를 설하여 금강 지혜를 끌어내고 구경에는 걸림 없는 지혜 바다에 들어간다.

마치 신도 큰 강이 금빛 소 어귀에서 금모래를 흘려내듯이, 보살마하살도 또한 다시 이와 같아서, 가르

치는 사변재로 세간의 인연으로 일어나는 방편을 따라 중생들을 깨우쳐 모두 환희케 하며 조복시키고 성숙케 하여 구경에는 인연으로 일어나는 방편 바다에 들어가게 한다.

마치 박추 큰 강이 유리빛 말 어귀에서 유리모래를 흘려내듯이, 보살마하살도 또한 다시 이와 같아서, 다함없는 변재로 백천억 나유타 말할 수 없는 법을 비내려 그 듣는 자로 하여금 모두 윤택케 하여 구경에는 모든 부처님 법 바다에 들어가게 한다.

마치 네 개의 큰 강이 무열 못을 따라 둘러싸고는 사방으로 바다에 들어가듯이, 보살마하살도 또한 다시 이와 같아서, 몸의 업을 수순함과 말의 업을 수순함과 뜻의 업을 수순함을 성취하고, 지혜가 앞에서 인도하는 몸의 업과 지혜가 앞에서 인도하는 말의 업과 지혜가 앞에서 인도하는 뜻의 업을 성취하여 사방으로 흐르다가 구경에는 일체 지혜 바다에 들어간다.

불자들이여, 무엇을 보살의 사방이라 이름하는가?

불자들이여, 이른바 일체 부처님을 친견하고 깨침을 얻으며, 일체 법을 듣고 받아 지니어 잊지 아니하며, 일체 바라밀행을 원만히 하며, 대비로 법을 설하여 중생들을 만족케 함이다.

마치 네 개의 큰 강이 큰 못을 둘러 흐르는데, 그 중간에 청련화와 홍련화와 황련화와 백련화가 모두 다 두루 가득하듯이, 보살마하살도 또한 다시 이와 같아서, 보리심의 중간에서 중생을 버리지 아니하고 법을 설하여 조복시켜 한량없는 삼매를 모두 원만케 하여 부처님 국토의 장엄이 청정함을 보게 한다.

마치 무열 큰 못에 보배 나무가 둘러섰듯이, 보살마하살도 또한 다시 이와 같아서, 부처님 국토에 장엄이 둘러 있는 것을 나타내어 모든 중생들로 하여금 보리에 나아가게 한다.

마치 무열 큰 못이 그 가운데 길이와 너비가 오십 유순이고 청정하여 혼탁함이 없듯이, 보살마하살도 또한 다시 이와 같아서, 보리의 마음이 그 양이 가없으며 선근이 가득하여 청정하고 혼탁함이 없다.

마치 무열 큰 못이 한량없는 보배로 그 언덕을 장엄하고 전단향을 흘어 그 가운데 두루 가득하듯이, 보살마하살도 또한 다시 이와 같아서, 백천억의 열 가지 지혜 보배로 보리심의 큰 서원의 언덕을 장엄하고, 일체 온갖 훌륭하고 미묘한 향을 널리 흘날린다.

마치 무열 큰 못이 바닥에는 금모래가 깔렸고 갖가지 마니로 사이사이를 장엄하였듯이, 보살마하살도 또한 다시 이와 같아서, 미묘한 지혜로 두루 관찰하며, 불가사의한 보살의 해탈인 갖가지 법의 보배로 사이사이를 장엄하고, 일체 법에 걸림 없는 광명을 얻으며, 일체 모든 부처님께서 머무르시는 곳에 머무르고, 일체 매우 깊은 방편에 들어간다.

마치 아나바달다 용왕이 용들 중에 있는 바 뜨거운 번뇌를 길이 여의었듯이, 보살마하살도 또한 다시 이와 같아서, 일체 세간의 근심과 번뇌를 길이 여의어서 비록 태어남을 나타내지만 물들어 집착하지 않는다.

마치 네 개의 큰 강이 일체 염부제의 땅을 윤택하게 하고 이미 윤택하게 하고는 큰 바다에 들어가듯이, 보살마하살도 또한 다시 이와 같아서, 네 가지 지혜의 강으로 천신과 인간과 사문과 바라문을 윤택하게 하고는 그들로 하여금 아뇩다라삼먁삼보리의 지혜의 큰 바다에 널리 들게 하며, 열 가지 힘으로 장엄한다.

무엇이 넷인가?

하나는 서원 지혜 강이니 일체 중생을 구호하고 조복하여 항상 쉬지 아니함이다.

둘은 바라밀 지혜 강이니 보리의 행을 닦아 중생을 이익하게 하여 과거와 미래와 지금의 세상에 상속하여 다함이 없어서 구경에 모든 부처님의 지혜 바다에 들어감이다.

셋은 보살 삼매 지혜 강이니 수없는 삼매로 장엄하여 일체 부처님을

친견하고 모든 부처님 바다에 들어
감이다.

넷은 대비 지혜 강이니 대자로 자
재하게 중생들을 널리 구원하되 방
편으로 거두어서 쉬지 아니하며, 비
밀한 공덕의 문을 수행하여 구경에
열 가지 힘의 큰 바다에 들어감이다.

마치 네 개의 큰 강이 무열 못으로
부터 이미 흘러나와서 구경에 다함
이 없어 큰 바다에 들어가듯이, 보
살마하살도 또한 다시 이와 같아서,
큰 원력으로 보살행을 닦아 자재한

지견이 끝까지 다함이 없어 구경에는 일체 지혜 바다에 들어간다.

마치 네 개의 큰 강이 큰 바다에 들어가는 것을 능히 방해하여 들어가지 못하게 할 자가 없듯이, 보살마하살도 또한 다시 이와 같아서, 항상 보현의 행과 원을 부지런히 닦아 익혀서 일체 지혜의 광명을 성취하고 일체 부처님의 보리법에 머물러서 여래의 지혜에 들어감에 장애가 없다.

마치 네 개의 큰 강이 흘러 바다에

들어가 여러 겁을 지내되 또한 피로해하거나 싫어함이 없듯이, 보살마하살도 또한 다시 이와 같아서, 보현의 행과 원으로 미래 겁이 다하도록 보살의 행을 닦아서 여래의 바다에 들어가되 피로해하거나 싫어함을 내지 아니한다.

불자들이여, 마치 해가 뜰 때에 무열 못 가운데 금모래와 은모래와 금강모래와 유리모래와 그리고 나머지 일체 갖가지 보물에 모두 해의 영상이 그 가운데 나타나고, 그 금모래 등 일체 보물도 또한 각각 점점 더 그 영상이 나타나서 서로서로 사무쳐 비치어도 방해하는 바가 없듯이, 보살마하살도 또한 다시 이와 같아서, 이 삼매에 머무르면 자신의 낱낱 모공마다 모두 말할 수 없이 말할 수 없는 부처님 세계의 미진수 모든 부처님 여래를 친견하게 된다.

또한 그 부처님의 있는 바 국토와 도량에 모인 대중들을 보며, 낱낱 부처님 처소에서 법을 듣고 받아 지니고 믿고 이해하고 공양올리되, 각각 말할 수 없이 말할 수 없는 억 나유 타 겁을 지내더라도 시절의 길고 짧음을 생각하지 아니하고, 그 모든 모인 대중들도 또한 비좁지 아니하다.

무슨 까닭인가?

미묘한 마음으로 가없는 법계에 들어가는 까닭이며, 같음이 없는 차별한 업과 과보에 들어가는 까닭이며, 부사의한 삼매 경계에 들어가는 까닭이며, 부사의한 사유의 경계에 들어가는 까닭이며, 일체 부처님의 자재한 경계에 들어가는 까닭이다.

일체 부처님의 호념하심을 얻는 까닭이며, 일체 부처님의 큰 신통 변화를 얻는 까닭이며, 모든 여래의 얻기 어렵고 알기 어려운 열 가지 힘을 얻는 까닭이며, 보현 보살의 행이 원만한 경계에 들어가는 까닭이며, 일체 부처님의 노곤함이 없는 신통력을 얻는 까닭이다.

불자들이여, 보살마하살이 비록 능히 정에 잠깐 동안 들어가고 나오지만 또한 오랜 시간 정에 있는 것을 폐하지도 않고 또한 집착하지도 않으며, 비록 경계에 의지하여 머무르는 바도 없지만 또한 일체 반연하는 바를 버리지도 않는다.

비록 찰나의 경계에 잘 들어가지만 일체 중생을 이익하게 하기 위하여 부처님의 신통을 나타내는 것을 만족해 싫어함이 없으며, 비록 법계에 평등하게 들어가지만 그 끝을 얻지 못한다.

비록 머무르는 바도 없고 처소도 없지만 일체 지혜의 길에 항상 들어가 변화하는 힘으로 한량없는 중생들 가운데 널리 들어가서 일체 세계를 구족하게 장엄하며, 비록 세간의 전도된 분별을 여의어 일체 분별하는 지위를 뛰어넘었지만 또한 갖가지 모든 모양을 버리지도 않는다.

비록 능히 방편의 교묘함을 구족하였으나 구경까지 청정하며, 비록 보살의 모든 지위를 분별하지 않으나 모두 이미 잘 들어갔다.

불자들이여, 비유하면 허공이 비록 능히 일체 모든 물상을 수용하지만 있고 없음을 여의었듯이, 보살마하살도 또한 다시 이와 같아서, 비록 일체 세간에 널리 들어가지만 세간이라는 생각을 여의었으며, 비록 일체 중생을 부지런히 제도하지만 중생이라는 생각을 여의었다.

비록 일체 법을 깊이 알지만 모든 법이라는 생각을 여의었으며, 비록 일체 부처님 친견하기를 즐겨하지만 모든 부처님이라는 생각을 여의었으며, 비록 갖가지 삼매에 잘 들어가지만 일체 법의 자성이 모두 여여하여

물들어 집착하는 바가 없는 줄을 안
다.

비록 가없는 변재로 다함없는 법구
를 펴지만 마음은 항상 문자를 떠난
법에 머무르며, 비록 말이 없는 법을
관찰하기를 즐겨하지만 청정한 음
성을 항상 나타내 보이며, 비록 일체
말을 떠난 법의 경계에 머무르지만
갖가지 색상을 항상 나타내 보인다.

비록 중생들을 교화하지만 일체 법
이 끝까지 성품이 공한 줄을 알며,
비록 부지런히 대비를 닦아 중생들

을 제도하여 해탈시키지만 중생세계가 다함도 없고 흩어짐도 없는 줄을 알며, 비록 법계가 항상 머물러 변하지 않음을 밝게 통달하지만 삼륜으로 중생을 조복시키기를 항상 쉬지 않는다.

비록 여래의 머무르신 바에 항상 편안히 머무르지만 지혜가 청정하여 마음에 두려움이 없고 갖가지 모든 법을 분별하고 연설하여 법륜을 굴리기를 항상 쉬지 않는다.

불자들이여, 이것이 보살마하살의

아홉째 '법계에 자재한 큰 삼매의
선교 지혜'이다."

〈대방광불화엄경 제42권〉

회향송

아차보현수승행
무변승복개회향
보원침익제중생
속왕무량광불찰

시방삼세일체불
제존보살마하살
마하반야바라밀

我此普賢殊勝行

無邊勝福皆迴向

普願沈溺諸眾生

速往無量光佛刹

十方三世一切佛

諸尊菩薩摩訶薩

摩訶般若波羅蜜

大方廣佛華嚴經

부록

·

대방광불화엄경 목차

·

간행사

대방광불화엄경
목차

🪷
간 행 사

　귀의삼보 하옵고,

　『대방광불화엄경』의 수지 독송과 유통을 발원하면서 수미정사 불전연구원에서 『독송본 한문·한글역 대방광불화엄경』과 『사경본 한글역 대방광불화엄경』을 편찬하여 간행하게 되었습니다.

　『화엄경』은 우리나라에 전래된 이래 일찍부터 사경되고 주석·강설되어 왔으며 근현대에 이르러서는 『화엄경』의 한글 번역과 연구도 부쩍 많이 이루어졌습니다. 그만큼 『화엄경』이 우리 불자님들의 신행과 해탈에 큰 의지처가 되었던 것임을 알 수 있습니다.

　『화엄경』을 독송하고 사경하는 공덕은 설법 공덕과 함께 크게 강조되어 왔습니다. 그리하여 수미정사 불전연구원에서도 『화엄경』(80권)을 독송하고 사경하는 데 도움이 되도록 한문 원문과 한글역을 함께 수록한 독송본과 한글역의 사경본 『화엄경』 간행불사를 발원하였습니다. 이 『화엄경』 간행불사에 뜻을 같이하여 적극 후원해주신 스님들과 재가 불자님들께 깊이 감사드립니다. 또한 『화엄경』을 수지 독송할 수 있도록 경책의 모습으로 장엄해 주신 편집위원들과 담앤북스 출판사 관계자들께도 고마움을 표합니다.

　끝으로 이 불사의 원만 회향으로 『화엄경』이 널리 유통되고, 온 법계에 부처님의 가피가 충만하시길 기원드립니다.

　나무 대방광불화엄경

불기 2564년 '부처님오신날'을 봉축하며
수미해주 합장

위태천신(동진보살)

수미해주 須彌海住

호거산 운문사에서 성관 스님을 은사로 출가, 석암 대화상을 계사로 사미니계 수계, 월하 전계사를 계사로 비구니계 수계, 계룡산 동학사 전문강원 졸업, 동국대학교 불교대학 및 동 대학원 졸업, 철학박사, 가산지관 대종사에게서 전강, 동국대학교 불교대학 교수, 동학승가대학 학장 및 화엄학림 학림장, 중앙승가대학교 법인이사 역임.
(현) 수미정사 주지, 동국대학교 명예교수.
저 · 역서로 『의상화엄사상사연구』, 『화엄의 세계』, 『정선 원효』, 『정선 화엄 1』, 『정선 지눌』, 『법계도기총수록』, 『해주스님의 법성게 강설』 등 다수.

사경본 한글역

대방광불화엄경 제42권

| 초판 1쇄 발행_ 2024년 3월 24일

| 엮은이_ 수미해주
| 엮은곳_ 수미정사 불전연구원
| 편집위원_ 해주 수정 경진 선초 정천 석도 박보람 최원섭
| 편집보_ 무이 무진 지욱 혜명

| 펴낸이_ 오세룡
| 펴낸곳_ 담앤북스
　　　　　서울특별시 종로구 새문안로3길 23 경희궁의 아침 4단지 805호
　　　　　대표전화 02)765-1251　전자우편 dhamenbooks@naver.com
　　　　　출판등록 제300-2011-115호
| ISBN_ 979-11-6201-423-3　04220

정가 10,000원
ⓒ 수미해주 2024